Tadpole Books are published by Jump!, 5357 Penn Avenue South, Minneapolis, MN 55419, www.jumplibrary.com

Copyright ©2020 Jump. International copyright reserved in all countries. No part of this book may be reproduced in any form without written permission from the publisher.

Editor: Jenna Trnka **Designer:** Molly Ballanger **Translator:** Annette Granat

Photo Credits: Soranome/Shutterstock, cover; Utekhina Anna/Shutterstock, 1; uzuri/Shutterstock, 3; studio22comua, 2tr, 4–5; aloha_17/iStock, 2ml, 6–7; Eric Isselee/Shutterstock, 2mr, 8–9; ER Degginger/Science Source, 2br, 10–11; Juhku/Shutterstock, 2tl, 12–13; Lek_charoen/Shutterstock, 2bl, 14–15; yevgeniy11/Shutterstock, 16.

Library of Congress Cataloging-in-Publication Data
Names: Gleisner, Jenna Lee, author.
Title: Las narices / por Jenna Lee Gleisner.
Other titles: Noses. Spanish
Description: Minneapolis, MN: Jump!, Inc., (2020) | Series: Las partes de los animales | Includes index. | Audience: Age 3–6.
Identifiers: LCCN 2019000465 (print) | LCCN 2019001839 (ebook) | ISBN 9781641289726 (ebook) | ISBN 9781641289719 (hardcover : alk. paper)
Subjects: LCSH: Nose—Juvenile literature.
Classification: LCC QL947 (ebook) | LCC QL947 .G5418 2020 (print) | DDC 599.14/4—dc23
LC record available at https://lccn.loc.gov/2019000465

LAS NARICES

por Jenna Lee Gleisner

TABLA DE CONTENIDO

tadpole
en español

cava

corta

larga

olfatea

rocía

siente

nariz

¡Veamos narices de animales!

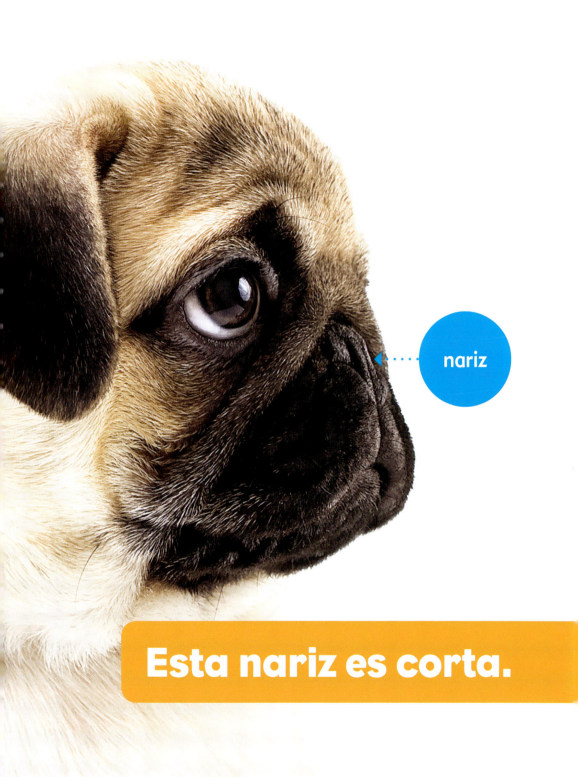

nariz

Esta nariz es corta.

Esta nariz es larga.

Esta nariz olfatea.

nariz

Esta nariz siente.

¡Esta nariz cava!

¡Esta nariz rocía!

¡REPASEMOS!

¿Qué observas acerca de estas narices?

ÍNDICE